MW00883205

SOBRE ÉL

"SOLO PODRÁS OFRECER UNA VERDADERA ADORACIÓN SI REALMENTE LO CONOCES."

AUTOR
ÉRICK ALVES

SOBRE ÉL

"SOLO PODRÁS OFRECER UNA VERDADERA
ADORACIÓN SI REALMENTE LO CONOCES."

ESTE LIBRO OFRECE UN VIAJE PROFUNDO Y ESCLARECEDOR SOBRE LA VIDA Y EL CARÁCTER DE
JESUCRISTO. EXPLORANDO SU PREEXISTENCIA, DIVINIDAD Y HUMANIDAD, "SOBRE ÉL"
PROPORCIONA UNA COMPRENSIÓN COMPLETA Y FUNDAMENTADA DE LAS ESCRITURAS Y DEL
CUMPLIMIENTO DE LAS PROFECÍAS BÍBLICAS.

CON UN ESTUDIO DETALLADO SOBRE LA PRESENCIA DE CRISTO EN EL ANTIGUO Y NUEVO
TESTAMENTO, ESTE LIBRO ES ESENCIAL PARA AQUELLOS QUE DESEAN PROFUNDIZAR SU FE Y
ADORACIÓN. A TRAVÉS DE ANÁLISIS CUIDADOSOS Y REFERENCIAS BÍBLICAS, GUIARÉ A UNA
RELACIÓN MÁS CERCANA Y GENUINA CON CRISTO.

SOBRE ÉL

erickhalves@icloud.com

@erickhalves (instagram)

Coordinación, traducción, revisión, portada y maquetación fueron realizadas por el autor.

SOBRE ÉL

●

Primera edición: Julio de 2024

●

Para los textos bíblicos se utilizaron las versiones NVI y NVT.

●

Datos Internacionales de Catalogación en la Publicación (CIP) (Cámara Brasileña del Libro, SP, Brasil)

Alves, Érick
    Sobre Él: solo podrás entregar una Adoración verdadera si lo conoces verdaderamente / Érick Alves. -- Sorocaba, SP: Ed. del Autor, 2024.

    ISBN 978-65-01-08579-1

    1. Biblia 2. Jesucristo - Enseñanzas 3. Profecias 4. Vida cristã I. Título.

24-216066   CDD-232.954

Índices para catálogo sistemático:

1. Jesucristo: Enseñanzas: Cristianismo 232.954

Eliane de Freitas Leite - Bibliotecária - CRB 8/8415

DEDICATORIA

Tal vez todas las obras están dedicadas a ellos, ya que representan un apoyo incondicional que tengo todos los días. No sería un pastor sin una esposa feliz y buenos hijos.

Vanessa, Noah y Eloah, los amo.

AGRADECIMIENTO

A mi gran familia y a los amigos más cercanos que hermanos.

Gracias.

ÉTICA Y COLABORACIÓN

Pedimos amablemente que respeten la ética y el esfuerzo dedicado a la producción de este libro, evitando la distribución no autorizada a amigos y familiares, ya sea en formato electrónico o impreso. Este material fue adquirido como un artículo individual y debe ser utilizado exclusivamente por el comprador. La reproducción, impresión para comercialización o comercialización electrónica sin el consentimiento previo del autor está expresamente prohibida. Agradecemos su comprensión y colaboración en proteger los derechos de autor y el trabajo involucrado en la creación de este contenido.

OFERTA DE AMOR

Nuestra familia es impulsada por un corazón misionero, dedicando nuestras vidas a la obra de Dios con celo y pasión. Actualmente, estamos comprometidos en un proyecto especial, guiados por una palabra clara de Dios. Sin embargo, no contamos con el respaldo financiero de ninguna iglesia o institución. Dependemos del amor y la generosidad de aquellos que comparten nuestra visión y sienten el llamado de Dios para ofrendar en nuestras vidas.

Las ofrendas no solo sostienen a nuestra familia, sino que también permiten que esta obra continúe avanzando, impactando vidas y cumpliendo la misión que Dios nos ha confiado. Agradecemos profundamente a todos los que sienten en sus corazones el deseo de contribuir, ayudándonos a seguir adelante con este trabajo tan esencial. Juntos, podemos hacer la diferencia y llevar el mensaje de Dios a donde Él nos envíe.

pix - Brazil

CPF 230.247.058-30
Érick Henrique Alves
Banco XP

zelle - EUA

phone: (689) 284-3989
Érick Henrique Alves
Bank of America

outros

Si necesita otra alternativa, contáctenos vía WhatsApp o correo electrónico para informarle sobre las opciones de PayPal o Wise.

ÍNDICE

oo

PREFACIO

PREFACIO

Es con inmenso placer que relato en este prefacio la alegría de haber conocido a Érick junto con Vanessa y su familia **en su primer día** como pastores enviados desde Brasil para **cumplir su misión** de servir a Dios y a sus hermanos **en los Estados Unidos**.

En aquellos breves instantes, pude percibir el amor por Jesús que ardía en el corazón de estos queridos hermanos. **Oramos, profetizamos, nos alegramos** y allí comenzó **una alianza generada** por Dios.

Sobre la obra en cuestión (Sobre Él), fue maravilloso experimentar lo que Dios ha derramado sobre la vida de mi hermano. **Clara, didáctica y de lectura sencilla**, fui grandemente bendecido con esta obra. "Sobre Él", como ya dice el título del libro, habla sobre Jesús en su humanidad y divinidad de manera simple, pero poderosa.

Que el Santo Espíritu de Dios pueda revelarte, en esta lectura, una **porción mayor de Jesús** y que seas bendecido por ella así como yo lo fui. Que Jesús os bendiga.

Pr. **Landro Souza**
Pastor en la iglesia Casa del León - Portugal
Músico y Compositor (sígueme en Spotify)

Landro e Havenna, los amamos

landrosouza

PREFACIO

Es un honor inmenso prefaciar algo tan bello, genuino y extraordinariamente singular. No es solo literatura, sino lágrimas, pasión, vida; en fin, algo que impactará ferozmente tu interior, generando en tu trayectoria una renovación de esperanza y legitimidad vocacional para una obra de continuidad, un "ve", "lo lograrás", "continúa", "puedes ir más allá de lo que imaginas". No se puede conocer a Jesús y no tener la vida marcada.

No se trata de un conocimiento hecho, acabado, compendiado, como aquel catequético "pregunta y te responderemos", sino de una propuesta o desafío "auto poético" de una vida vivida totalmente entregada a los planes de Dios. Una obra literaria que generará reflexión y un alineamiento de que: **"La adoración es la apropiación de la imagen del ser adorado"**. Te vuelves similar al ser adorado. ¡UNA ENTREGA!

Este libro te hará sumergirte en una vida de milagros, un viaje alentador sobre la divinidad, humanidad y carácter del Eterno. Esta obra literaria te tomará de la mano y te ayudará a un entendimiento profundo, pero de comprensión extraordinaria, de las expresiones de la profecía bíblica.

Ap. **Michael Soares**
Cueva de las Tribus / VPN Church (Araranguá/SC)
Autor del libro "Una historia de amor y cicatrices".

Mike e Mi, los amamos

michaelsoares.ct

PREFACIO

De la misma manera que el Señor habló a los profetas en el pasado, como Samuel, Elías y Daniel, Él, de manera creativa, revela la expresión de Su voluntad y la revela a Su iglesia. Esta revelación no es algo de lo que se deba tener miedo, sino que es muy, muy bienvenida, pues el Dios de la eternidad está, en los días actuales, compartiendo lo más profundo de Su corazón con nosotros.

"**¡Nunca desistir!**" Creo que esta afirmación es parte del eco tangible de una vida destinada a la desistencia natural del ser, pero que, con fe, audacia y un espíritu inquebrantable, ha traído no solo la continuidad de la historia de la familia sacerdotal de Érick, que lleva tanto en sí, sino que ha brindado a toda una generación la oportunidad de permitir que el mismo clamor resuene en sí misma.

¡Qué oportunidad tenemos hoy! Qué obra tan fortalecedora. Gracias, Érick, por no desistir. Eres un ejemplo a seguir.

Sean bienvenidos a una transformación radical en toda su estructura. Su vida no será más la misma a partir de ahora!

Mike e Mí, los amamos

Ap. **Michael Soares**
Cueva de las Tribus / VPN Church (Araranguá/SC)
Autor del libro "Una historia de amor y cicatrices".

michaelsoares.ct

PREFACIO

Es con gran alegría que escribo este prefacio para esta obra de mi querido amigo, Érick Alves. Érick es un pastor y profeta de Dios, un hombre dedicado a su familia y a la hermosa misión que se le ha confiado. Tuvimos la oportunidad de recibir la visita de su familia en nuestra comunidad en uno de los momentos más increíbles de nuestra historia, cuando Jesús nos tocó con su presencia y un culto que debería haber durado dos horas, se prolongó durante 10 meses de manera ininterrumpida. Fue en ese ambiente de gloria donde nuestras historias se cruzaron.

El libro "SOBRE ÉL" es una obra que nos lleva a un viaje profundo y esclarecedor sobre la vida y el carácter de Jesucristo. Juan 6:40: "Porque esta es la voluntad de mi Padre, que todo el que ve al Hijo y cree en él tenga vida eterna; y yo lo resucitaré en el último día." Jesús es el fundamento de nuestras vidas. Él es el Creador, Sustentador, Resucitador y Juez. Su vida y obra son el cumplimiento de las promesas de Dios y nuestra esperanza de vida eterna. Todo es sobre Él, porque la vida eterna es conocerlo a un nivel cada vez más claro y profundo (Juan 17:3).

Pr. **Daniel Sartori**
Pastor Sénior de Juntos por Ti (Vitória/ES)
Autor del libro "Nací para ver a Jesús".

Dan e Suellen, los amamos

PREFACIO

Érick nos presenta un análisis detallado y fundamentado de las Escrituras, explorando la preexistencia de Cristo, su divinidad y humanidad.

Este libro es una guía esencial para aquellos que desean profundizar su fe y adoración, proporcionando una comprensión rica y amplia del cumplimiento de las profecías bíblicas. Con un enfoque claro y accesible, somos guiados a través de las páginas del Antiguo y Nuevo Testamento, revelando la presencia continua y activa de Cristo a lo largo de la historia.

"SOBRE ÉL" explora la profundidad de los oficios de Jesucristo, destacando su papel en el cumplimiento del propósito eterno de Dios. Estos aspectos revelan no solo su autoridad suprema, sino también su interacción continua con la creación. A través de esta obra, entendemos que Jesús no es solo una figura histórica, sino el Señor vivo que continúa gobernando y redimiendo.

Pr. Daniel Sartori
Pastor Sénior de Juntos por Ti (Vitória/ES)
Autor del libro "Nací para ver a Jesús".

Dan e Suellen, los amamos

@ dansartori_juntos

PREFACIO

La unión hipostática de Cristo, siendo totalmente divino y totalmente humano, se aborda de una manera que nos brinda una comprensión más rica y profunda de su naturaleza. Este misterio, aunque desafiante, es crucial para nuestra fe, ya que nos muestra un Dios que se hizo carne y habitó entre nosotros, comprendiendo nuestras debilidades y sufrimientos. Finalmente, la promesa de eternidad y resurrección es un tema central, trayendo esperanza y consuelo.

La certeza de que la fe en Jesús resulta en vida eterna nos llena de confianza, paz y nos motiva a vivir de acuerdo con sus enseñanzas.

Que este libro sea una bendición para todos los que lo lean, inspirándolos a conocer y entregarse en plena devoción a aquel que es la razón de nuestras vidas, es decir, Jesucristo.

Con cariño y admiración,

Pr. **Daniel Sartori**
Pastor Sénior de Juntos por Ti (Vitória/ES)
Autor del libro "Nací para ver a Jesús".

Dan e Suellen, los amamos

dansartori_juntos

PREFACIO

Sobre Él es un rico compendio acerca de la persona de Jesucristo. La jornada propuesta por el autor para llevarnos a una profunda adoración, conociendo a la **segunda persona de la Trinidad Santa,** no es más que lo que Érick ha vivido a lo largo de su vida y ministerio, inspirando a aquellos que se relacionan con él a querer buscar y conocer aún más el señorío de Cristo.

Presentar a Jesús y su obra de redención, desde Génesis hasta Apocalipsis, es el propósito de las Escrituras Sagradas, y Érick lo hace muy bien, presentando **teofanías** en el Antiguo Testamento y confirmaciones en el **Nuevo Testamento**, como escribe el apóstol Pablo a los Colosenses: "Él nos liberó del imperio de las tinieblas y nos trasladó al reino del Hijo de su amor, en quien tenemos la redención, la remisión de los pecados. Él es la imagen del Dios invisible, el primogénito de toda la creación; porque en él fueron creadas todas las cosas, en los cielos y sobre la tierra, las visibles y las invisibles, ya sean tronos, dominios, principados o potestades. Todo fue creado por medio de él y para él. Él es antes de todas las cosas. En él, todo subsiste." (Colosenses 1:13-17)

Ely e Lidia, los amamos

Pr. **Ely Barbosa de Oliveira**
Pastor presbiteriano, misionero de la Misión Sepal y
Global Mission
Fundador de las 24h de Adoración (Sorocaba/SP)

PREFACIO

Antes de que el mundo fuera creado, Él ya estaba allí. Las profecías del Antiguo Testamento apuntaban hacia Él. Los salmistas escribían sobre Él. El pueblo de Dios esperaba al rey prometido para liberarlos del yugo romano y gobernar con mano fuerte.

Pero Jesús vino como un cordero para humillarse, siendo totalmente hombre y totalmente Dios. Las Escrituras lo presentan como el Cordero Santo, el Salvador, el Mesías, el Hijo de Dios, el Emanuel, el Príncipe de Paz, el Verbo, el Camino, la Vida.

Las palabras escritas en "Sobre Él" son **precisamente sobre Jesús**, el Dios encarnado, que nació de una virgen, vivió entre los hombres, no pecó, se entregó como sacrificio perfecto, **resucitó al tercer día y volverá como el León de la tribu de Judá**.

Alabamos a Dios por la vida del pastor Érick Alves y su corazón apasionado por Jesús. Que estos escritos alcancen a personas en los cuatro rincones de la tierra, vivificando a los salvados y alcanzando a los perdidos.

Pr. **Ely Barbosa de Oliveira**
Pastor presbiteriano, misionero de la Misión Sepal y Global Mission
Fundador de las 24h de Adoración (Sorocaba/SP)

Ely e Lidia, los amamos

elybarbosa10

01

INTRODUCCIÓN

INTRODUCCIÓN

El cristianismo está centrado en Cristo, el Hijo eterno y preexistente de Dios. La preexistencia de Cristo se refiere al período antes de su nacimiento físico en Belén de Judea. En Él se cumple el propósito de Dios de bendecir a todos los que creen en Él y, a través de Él, juzgar a los que no creen. Cualquier enseñanza que añada o disminuya la persona de Cristo es errónea y herética.

Muchos cristianos no se dan cuenta de la importancia de este aspecto de la vida de Cristo; sin embargo, la gran verdad es que el Cristo de Dios es preexistente, encarnado, nacido de una virgen, totalmente humano y totalmente divino, una persona singular que murió, resucitó, ascendió a los cielos y pronto regresará para buscar a Su iglesia.

02

LA PREEXISTENCIA
DE CRISTO

La preexistencia de Cristo es uno de los pilares fundamentales de la teología cristiana, destacando la naturaleza eterna y divina de Jesús. Mucho antes de su nacimiento en Belén, Jesús ya existía junto al Padre, participando en la creación y manifestándose de diversas formas a lo largo de la historia bíblica. Este concepto no solo subraya la divinidad de Cristo, sino que también refuerza su misión redentora y su papel central en el plan de salvación.

En el Antiguo Testamento, encontramos numerosas referencias y apariciones del "Ángel del Señor", que muchos teólogos identifican como manifestaciones pre-encarnadas de Cristo. Estas apariciones no solo prefiguran la venida de Jesús, sino que también revelan su involucramiento continuo y activo en la historia humana desde los inicios.

En el Nuevo Testamento, las propias palabras de Jesús afirman su preexistencia de manera clara e inequívoca. Él declara haber compartido la gloria con el Padre "antes de que el mundo existiera" (Juan 17:5) y afirma su eternidad al decir "antes de que Abraham fuera, yo soy" (Juan 8:58). Estas declaraciones no dejan dudas sobre su existencia eterna y su naturaleza divina.

Al comprender la preexistencia de Cristo, somos llevados a una apreciación más profunda de su obra redentora y de su continua presencia en nuestras vidas. Este capítulo explorará estas manifestaciones y declaraciones, ofreciendo una visión abarcadora de la eterna presencia de Cristo y su significado para la fe cristiana.

Cristo siempre ha existido y siempre existirá, sin principio ni fin. Esta enseñanza está presente tanto en el Antiguo como en el Nuevo Testamento. Jesús mencionó su preexistencia en su oración sacerdotal: "Y ahora, Padre, glorifícame junto a ti, con la gloria que tuve contigo antes de que el mundo existiera" (Juan 17:5).

ANTES DE QUE EL MUNDO EXISTIERA

Esta declaración de Jesús revela una profunda verdad sobre su naturaleza eterna y divina. Él no es una creación de Dios, sino que coexiste con el Padre desde antes de la fundación del mundo.

Además, Jesús reafirma esta preexistencia cuando dice: "Porque me amaste antes de la fundación del mundo" (Juan 17:24). Este pasaje destaca la relación íntima y eterna entre el Padre y el Hijo, una relación que precede la creación del universo. El amor y la gloria compartidos entre el Padre y el Hijo desde la eternidad son centrales para la comprensión de la Trinidad y la misión redentora de Cristo.

Las escrituras del Antiguo Testamento también hacen eco de esta verdad. En Proverbios 8:22-23, la Sabiduría personificada, que muchos teólogos interpretan como una referencia a Cristo, declara: "El Señor me poseía al principio de su obra, antes de sus obras más antiguas. Desde la eternidad fui establecida, desde el principio, antes de que comenzara la tierra." Este pasaje sugiere la presencia eterna y activa de Cristo en la obra creativa de Dios, reafirmando Su preexistencia.

EL ALFA Y LA OMEGA

En el libro de Apocalipsis, Jesús hace otra declaración poderosa sobre su naturaleza eterna: "Yo soy el Alfa y la Omega, el principio y el fin, dice el Señor, que es, y que era, y que ha de venir, el Todopoderoso" (Apocalipsis 1:8). Alfa y Omega son la primera y última letras del alfabeto griego, indicando que Cristo es la razón de ser del inicio y del fin de todas las cosas. Esta declaración subraya la soberanía de Cristo sobre toda la historia y sobre la creación.

Al declarar ser el Alfa y la Omega, Jesús afirma que Él es el principio y el fin de todo. Todo comenzó por medio de Él y todo será consumado por Él. Esta verdad es reiterada en Apocalipsis 22:13, donde Jesús dice: "Yo soy el Alfa y la Omega, el primero y el último, el principio y el fin". Esta afirmación revela que Jesús está presente en toda la historia humana, desde la creación (Juan 1:1-3) hasta la consumación de los tiempos.

La expresión "que es, y que era, y que ha de venir" refleja la eternidad e inmutabilidad de Cristo. Él trasciende el tiempo y permanece igual en todas las épocas. Esta es una característica divina, confirmando una vez más la divinidad de Cristo. Él es el Todopoderoso, gobernando sobre todo y llevando a cabo la realización del plan redentor de Dios para la humanidad.

03

CRISTO EN EL
ANTIGUO
TESTAMENTO

CRISTO EN EL ANTIGUO TESTAMENTO

La presencia de Cristo en el Antiguo Testamento es un tema fascinante y profundo que revela la continuidad y la unidad de las Escrituras. Aunque el Nuevo Testamento se centra en la vida, ministerio y obra redentora de Jesús, las raíces de su misión e identidad divina están firmemente plantadas en las páginas del Antiguo Testamento. Desde los primeros libros de la Biblia, encontramos prefiguraciones, profecías y tipos que apuntan directamente a la venida del Mesías, Jesucristo.

El Antiguo Testamento no solo prepara el camino para la venida de Jesús, sino que también lo presenta de maneras sutiles y explícitas. Las promesas mesiánicas, las apariciones del "Ángel del Señor" y los tipos simbólicos, como el sacrificio de Isaac por Abraham y la figura del Cordero Pascual, son todos testimonios de la presencia y la obra de Cristo a lo largo de la historia de Israel. Estos elementos no solo enriquecen nuestra comprensión del plan redentor de Dios, sino que también refuerzan la verdad de que Jesús es el cumplimiento perfecto de las promesas de Dios.

Este capítulo explorará cómo Cristo se revela en el Antiguo Testamento, desde las primeras profecías mesiánicas en Génesis hasta las promesas de un nuevo pacto en Jeremías. Veremos cómo las figuras y eventos del Antiguo Testamento apuntan a la obra redentora de Cristo, mostrando que Él es el centro de la revelación de Dios y la clave para entender toda la Escritura. Al examinar estas conexiones, seremos llevados a una apreciación más profunda de la unidad de las Escrituras y del papel central de Jesús en la historia de la redención.

EL ÁNGEL DEL SEÑOR

En el estudio de la Cristología, es crucial mencionar al "Ángel del Señor", una figura singular que aparece principalmente en el Antiguo Testamento. Apareció por primera vez a Hagar en el desierto (Génesis 16:7) y también a otras figuras como Abraham (Génesis 22:11-15), Jacob (Génesis 31:11-13), Moisés (Éxodo 3:2) y Josué (Josué 5:13-15). El Ángel del Señor realizó tareas similares a las de los ángeles en general, trayendo mensajes de Dios, protegiendo del peligro y destruyendo enemigos. Sin embargo, la manera en que este Ángel se presenta y actúa a menudo sugiere una identidad que va más allá de un mensajero angelical común.

La identidad del Ángel del Señor ha sido debatida, especialmente debido a la forma en que a menudo se dirige a las personas. En Jueces 2:1, el Ángel del Señor dijo: "Os hice subir de Egipto, y os traje a la tierra que había jurado a vuestros padres...". Comparando este pasaje con otros que describen los mismos eventos, vemos que eran actos de Jehová, el Señor Dios de Israel. Por lo tanto, muchos eruditos creen que el "Ángel del Señor" es el propio Señor Jesús, revelándose de forma teofánica, lo que también llamamos teofanía (apariciones de Dios en forma humana o angelical) en el Antiguo Testamento.

Esta interpretación se refuerza con otros encuentros significativos. En Éxodo 3:2-6, el Ángel del Señor aparece a Moisés en la zarza ardiente y se identifica como el Dios de Abraham, Isaac y Jacob. Este pasaje es crucial, ya que muestra al Ángel del Señor no solo como un mensajero, sino como el propio Dios, lo que es consistente con la naturaleza divina de Cristo. Estas manifestaciones teofánicas en el Antiguo Testamento nos ofrecen una comprensión más rica de la presencia activa de Cristo en la historia redentora antes de su encarnación.

PROFECÍAS DE LA VIDA DE CRISTO

Como Profeta

Moisés habló del papel de Cristo como profeta: "El Señor tu Dios te suscitará un profeta de entre tus hermanos, semejante a mí; a él escucharás" (Deuteronomio 18:15). Esta profecía se refiere a un profeta que vendría de entre los israelitas y que sería semejante a Moisés, con la autoridad de Dios para hablar al pueblo y la intimidad suficiente para ser un amigo de Dios. Jesús confirmó ser ese profeta prometido cuando dijo: "Porque si creyerais en Moisés, creeríais en mí; porque él escribió acerca de mí" (Juan 5:46).

La misión profética de Jesús involucraba más que simplemente prever eventos futuros; Él vino a revelar plenamente la voluntad de Dios y traer un nuevo pacto. En su ministerio terrenal, Jesús enseñó con autoridad, realizó milagros y trajo una revelación completa de Dios Padre, mostrando que Él era el cumplimiento de la promesa de Moisés. La identificación de Jesús como el profeta semejante a Moisés es una confirmación poderosa de su misión divina y de su autoridad como el supremo revelador de la verdad de Dios.

Los evangelios registran cómo la gente de la época reconocía a Jesús como un gran profeta. En Mateo 21:11, la multitud dijo: "Este es Jesús, el profeta de Nazaret de Galilea". Su vida y enseñanzas trajeron una revelación sin precedentes del carácter y los propósitos de Dios, cumpliendo así la profecía de Moisés y estableciendo a Jesús como el profeta final y supremo.

Las profecías del Antiguo Testamento anunciaron que el Mesías sería un gran rey de la línea de David que gobernaría Israel y las naciones. Jeremías 23:5-6 profetiza: "He aquí, vienen días, dice el Señor, en que levantaré a David un Renuevo justo; y, siendo rey, reinará, y actuará sabiamente, y ejecutará el juicio y la justicia en la tierra." Esta promesa de un rey justo que vendría de la línea de David encuentra su cumplimiento en Jesús, que es frecuentemente referido como el "Hijo de David".

Jesús cumplió esta profecía no solo en su derecho dinástico, sino también en su vida y ministerio. Él vino para establecer el Reino de Dios, un reino que trasciende cualquier dominio terrenal y que se caracteriza por la justicia, la paz y el amor. En su entrada triunfal en Jerusalén, cumpliendo la profecía de Zacarías 9:9, Jesús fue aclamado como rey: "¡Hosanna al Hijo de David!" (Mateo 21:9).

El reinado de Jesús no fue como el de un monarca terrenal. En lugar de dominar por la fuerza, gobernó con humildad y servidumbre, ofreciendo Su vida como un sacrificio por los pecados de la humanidad. En Apocalipsis 19:16, encontramos la visión del retorno de Jesús como el Rey de reyes y Señor de señores, completando así la profecía de Su reinado eterno.

Como Sacerdote

En el Antiguo Testamento, el sacerdote representaba al hombre ante Dios e intercedía por él con sacrificios que aseguraban el favor divino. Estos sacrificios, repetidos anualmente, eran provisionales, apuntando hacia el tiempo futuro en que Cristo vendría para eliminar esos rituales mediante un sacrificio superior y eterno. En Hebreos 10:12, leemos: "Pero este, habiendo ofrecido por siempre un solo sacrificio por los pecados, se ha sentado para siempre a la diestra de Dios".

Jesús es descrito como el sumo sacerdote perfecto, que ofreció a Sí mismo como el sacrificio definitivo. Él es el cumplimiento de la promesa hecha a Abraham de que todas las naciones serían bendecidas a través de su descendencia (Génesis 22:18). En Hebreos 4:14-15, se dice: "Teniendo, pues, un gran sumo sacerdote que ha penetrado los cielos, Jesús, el Hijo de Dios, retengamos firmemente nuestra profesión. Porque no tenemos un sumo sacerdote que no pueda compadecerse de nuestras debilidades, sino uno que, como nosotros, en todo fue tentado, pero sin pecado."

El sacerdocio de Cristo es único y eterno, contrastando con el sacerdocio levítico que era transitorio e imperfecto. Él es el mediador de un nuevo pacto, garantizando el acceso directo a Dios para todos los creyentes. La obra sacrificial de Jesús cumplió y superó todos los sacrificios del Antiguo Testamento, estableciendo un nuevo camino de reconciliación y redención para toda la humanidad.

04

LA DIVINIDAD DE CRISTO

LA DIVINIDAD DE CRISTO

La Divinidad de Cristo es uno de los pilares fundamentales de la fe cristiana, diferenciando a Jesús de cualquier otro líder religioso o figura histórica. Este concepto central afirma que Jesucristo no es solo un ser humano extraordinario, un profeta o un maestro moral, sino que es verdaderamente Dios encarnado. La doctrina de la divinidad de Cristo es crucial para la comprensión de la salvación, la Trinidad y el propósito eterno de Dios.

La Escritura Sagrada, tanto en el Antiguo como en el Nuevo Testamento, presenta evidencias claras y convincentes de la divinidad de Jesús. Las profecías mesiánicas, los títulos divinos, y actos de soberanía y poder, todos apuntan a la naturaleza divina de Cristo. En pasajes como Juan 1:1-3, se nos informa que "En el principio era el Verbo, y el Verbo estaba con Dios, y el Verbo era Dios. Él estaba en el principio con Dios. Todas las cosas fueron hechas por medio de él, y sin él nada de lo que se hizo, se hizo." Aquí, el apóstol Juan deja claro que Jesús (el Verbo) es Dios y participó activamente en la creación del universo.

Además, Jesús reclamó para sí atributos y prerrogativas que son exclusivas de Dios. Perdonó pecados, aceptó adoración y declaró que Él y el Padre son uno (Juan 10:30). La resurrección de Jesús es la confirmación suprema de su divinidad, mostrando que tiene poder sobre la muerte y la tumba. Pablo escribe en Romanos 1:4 que Jesús "fue declarado Hijo de Dios con poder, según el Espíritu de santidad, por la resurrección de los muertos".

La aceptación de la divinidad de Cristo tiene implicaciones profundas para la vida de fe del cristiano. Moldea nuestra adoración, nuestras oraciones y nuestra comprensión de la salvación. Creer que Jesús es Dios nos llama a una devoción profunda y a un compromiso total con Él. Este capítulo explorará las diversas maneras en que las Escrituras atestiguan la divinidad de Cristo.

Jesucristo es el fundamento esencial de la fe cristiana. La verdadera fe cristiana se distingue por estar depositada únicamente en Jesucristo, el Hijo de Dios. Esta centralidad se enfatiza en diversos textos bíblicos que aseguran que solo Él puede salvar (Hechos 4:12). Las sectas y otras religiones pueden tener fe en diversos objetos o figuras, pero sin la veracidad de Jesús como el Cristo, tal fe se vuelve vacía e ineficaz. En Juan 14:6, Jesús declara: "Yo soy el camino, la verdad y la vida. Nadie viene al Padre sino por mí." Esta afirmación es un recordatorio de que la fe verdadera y salvadora debe colocarse solo en Jesucristo.

La centralidad de Cristo en la fe cristiana también se refleja en la adoración y en la práctica de los creyentes. Adorar a Cristo significa reconocer su divinidad y su obra redentora. En Filipenses 2:9-11, Pablo escribe sobre la exaltación de Cristo por el Padre, declarando que "en el nombre de Jesús se doble toda rodilla, en los cielos, en la tierra y debajo de la tierra, y toda lengua confiese que Jesucristo es el Señor, para gloria de Dios Padre." La fe en Cristo no es meramente intelectual; es una entrega total de vida y adoración a Él.

Además, la fe en Cristo como el elemento central fortalece a la comunidad cristiana. Alrededor del mundo, creyentes de diversas culturas y lenguas están unidos por la fe en Jesús. Esta fe compartida es la base de la unidad cristiana y de la misión de la iglesia. En Efesios 4:4-6, Pablo enfatiza esta unidad: "Hay un solo cuerpo y un solo Espíritu, así como la esperanza a la que fueron llamados es una; un solo Señor, una sola fe, un solo bautismo; un solo Dios y Padre de todos, que está sobre todos, por medio de todos y en todos."

LA DOCTRINA DE LA DIVINIDAD DE CRISTO

La doctrina de la divinidad de Cristo es uno de los pilares centrales de la teología cristiana y está compuesta por tres elementos fundamentales: la Trinidad, el monoteísmo y la unión hipostática.

Trinidad: La doctrina de la Trinidad enseña que hay un solo Dios que existe eternamente en tres personas distintas: el Padre, el Hijo y el Espíritu Santo. Estos tres son coiguales, coeternos y de la misma esencia. Esta verdad se ve en varias pasajes de las Escrituras, como en la Gran Comisión (Mateo 28:19), donde Jesús instruye a los discípulos a bautizar "en el nombre del Padre, del Hijo y del Espíritu Santo."

Monoteísmo: La fe cristiana es monoteísta, afirmando la existencia de un único Dios. Esta convicción está firmemente apoyada en las Escrituras, como en Isaías 43:10: "Antes de mí ningún dios fue formado, ni habrá uno después de mí." La singularidad de Dios es una constante en la enseñanza bíblica, reafirmando que no hay otro además del Señor.

Unión Hipostática: Esta doctrina explica que Jesucristo posee dos naturalezas distintas, siendo plenamente Dios y plenamente hombre. Él es una persona única con dos naturalezas completas e inseparables. En Filipenses 2:6-8, Pablo describe cómo Cristo, siendo en forma de Dios, se despojó a sí mismo, tomando forma de siervo y haciéndose semejante a los hombres. Esta unión hipostática es fundamental para la obra redentora de Cristo, pues necesitaba ser totalmente Dios para ofrecer un sacrificio perfecto y totalmente hombre para representar a la humanidad.

CARACTERÍSTICAS ÚNICAS DE DIOS EN JESÚS

Las características y atributos de Dios son claramente visibles en Jesús, comprobando Su divinidad.

1 Autoconciencia de Jesús: Jesús demostró plena conciencia de Su divinidad a través de Sus palabras y acciones. Declaró tener autoridad sobre los ángeles (Mateo 13:41), perdonó pecados (Marcos 2:1-12) y afirmó ser el Señor del sábado (Marcos 2:27-28). Estas afirmaciones revelan una autoconciencia única, compatible solo con la divinidad. Además, en Juan 11:25, Jesús declaró ser "la resurrección y la vida", mostrando que posee poder sobre la muerte y la vida.

2 Afirmaciones respecto al Padre: Jesús hizo varias declaraciones que indican Su unidad con el Padre. En Juan 10:30, afirmó: "Yo y el Padre somos uno." Esta unidad es más que una mera concordancia de propósitos; es una unidad de esencia. Jesús también dijo que quien Lo viera, veía al Padre (Juan 14:7-9), y en Juan 8:58, declaró: "Antes de que Abraham fuera, Yo soy", utilizando el nombre divino revelado a Moisés (Éxodo 3:14).

3 Reacciones de las personas: Las reacciones de las personas alrededor de Jesús también testimonian Su divinidad. Tomás, al ver a Cristo resucitado, exclamó: "¡Señor mío y Dios mío!" (Juan 20:28). Jesús aceptó esa adoración, algo que sería blasfemo si no fuera verdaderamente Dios. Además, los discípulos adoraron a Jesús en varias ocasiones (Mateo 14:33; 28:9, 17), y Él nunca los reprendió por ello, por el contrario, acogió esa adoración.

TESTIMONIOS DE LAS ESCRITURAS SOBRE LA DIVINIDAD DE JESÚS

Las Escrituras, especialmente los evangelios y epístolas, proporcionan abundantes testimonios sobre la divinidad de Jesús.

Evangelio de Juan: El Evangelio de Juan es particularmente explícito sobre la divinidad de Cristo. Desde el prólogo, Juan declara: "En el principio era el Verbo, y el Verbo estaba con Dios, y el Verbo era Dios" (Juan 1:1). Este versículo establece claramente que Jesús (el Verbo) es Dios y ha estado con Dios desde la eternidad. Juan continúa revelando la divinidad de Cristo a través de sus milagros, enseñanzas y declaraciones de autoridad divina.

Epístolas Paulinas: Pablo, en sus epístolas, también afirma la divinidad de Cristo. En Colosenses 1:15-20, Pablo describe a Jesús como "la imagen del Dios invisible, el primogénito de toda creación," y afirma que "en él habita corporalmente toda la plenitud de la deidad." Estas declaraciones enfatizan que Jesús es plenamente Dios y posee toda la esencia y atributos divinos.

Otros Testimonios del Nuevo Testamento: Además de Juan y Pablo, otros autores del Nuevo Testamento también testifican la divinidad de Cristo. El autor de Hebreos describe a Jesús como "el resplandor de su gloria y la expresión exacta de su ser" (Hebreos 1:3). Pedro, en su segunda carta, se refiere a Jesús como "nuestro Dios y Salvador" (2 Pedro 1:1).

Estos testimonios convergen hacia la verdad central de la fe cristiana: Jesucristo es Dios encarnado, digno de toda nuestra adoración, fe y obediencia.

05

LA HUMANIDAD DE CRISTO

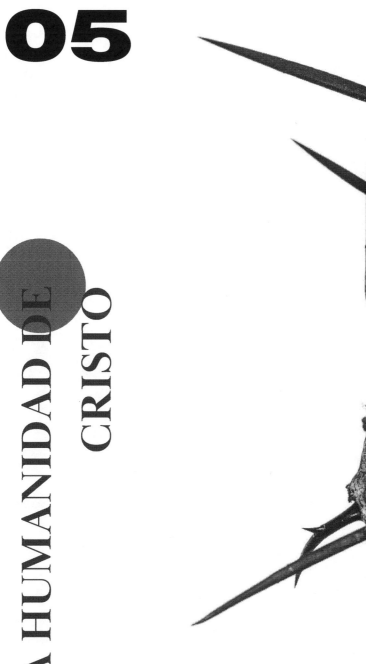

LA HUMANIDAD DE CRISTO

La humanidad de Cristo es uno de los aspectos fundamentales de la cristología, siendo tan crucial como su divinidad. La doctrina cristiana afirma que Jesucristo es tanto plenamente Dios como plenamente hombre, una unión esencial para la realización de la obra redentora. La encarnación, que es Dios tomando forma humana, es un misterio profundo y una demostración del amor de Dios por la humanidad.

En el Nuevo Testamento, la humanidad de Jesús se destaca de varias maneras. Nació de una mujer, vivió entre los hombres, experimentó hambre, sed, cansancio y todas las emociones humanas, como alegría, tristeza, ira y compasión. Jesús creció como cualquier ser humano, aprendiendo, trabajando y viviendo en una comunidad. En Lucas 2:52, leemos que "Jesús crecía en sabiduría, estatura y gracia delante de Dios y de los hombres," subrayando su desarrollo humano natural.

La humanidad de Cristo es esencial para nuestra salvación. Solo como hombre podría morir en nuestro lugar, sufriendo la pena del pecado que la humanidad merecía. En Hebreos 2:17, se dice: "Por lo tanto, tenía que ser hecho semejante a sus hermanos en todo, para que fuera un sumo sacerdote misericordioso y fiel en lo que a Dios se refiere, para expiar los pecados del pueblo." Así, la plena humanidad de Cristo permite que sea nuestro perfecto representante y mediador ante Dios.

Explorar la humanidad de Cristo nos ayuda a entender la profundidad de su identificación con nosotros y el alcance de su sacrificio. Al reconocer que Jesús fue verdaderamente humano, podemos relacionarnos con él de manera más íntima, sabiendo que comprende nuestras luchas y sufrimientos.

Como dice en Hebreos 4:15: "Porque no tenemos un sumo sacerdote que no pueda compadecerse de nuestras debilidades; al contrario, fue tentado en todo de la misma manera que nosotros, pero sin pecado." Esta verdad trae consuelo y esperanza a los cristianos, fortaleciendo nuestra fe en el Salvador que nos conoce profundamente.

NACIMIENTO VIRGINAL

El nacimiento virginal de Jesús es una doctrina central que confirma tanto su divinidad como su humanidad. La profecía de Isaías 7:14 predijo este evento extraordinario: "Por tanto, el Señor mismo os dará una señal: He aquí que la virgen concebirá y dará a luz un hijo, y llamará su nombre Emanuel." Mateo y Lucas documentan este milagro, destacando que María, una virgen, concibió por el poder del Espíritu Santo: "El nacimiento de Jesucristo fue de esta manera: Estando María, su madre, desposada con José, antes de que se unieran, se encontró embarazada del Espíritu Santo" (Mateo 1:18).

Este evento sobrenatural aseguró que Jesús no heredara la naturaleza pecaminosa del hombre, siendo concebido de una manera pura y divina. Lucas 1:35 relata el ángel Gabriel explicando a María: "Descenderá sobre ti el Espíritu Santo, y el poder del Altísimo te cubrirá con su sombra; por lo tanto, también el santo ser que nacerá será llamado Hijo de Dios." Este nacimiento virginal es un testimonio de la intervención divina directa en la historia humana.

Además, el nacimiento virginal de Jesús cumple la promesa de que Dios proveería un Redentor perfecto, nacido sin pecado, capaz de ofrecer un sacrificio inmaculado. En Gálatas 4:4-5, Pablo afirma: "Pero cuando se cumplió el tiempo, Dios envió a su Hijo, nacido de mujer, nacido bajo la ley, para redimir a los que estaban bajo la ley, a fin de que recibiéramos la adopción de hijos." La encarnación de Cristo, por lo tanto, es un acto de amor divino que trajo la salvación a la humanidad.

CRECIMIENTO Y DESARROLLO HUMANO

Jesús pasó por todas las fases normales de crecimiento humano, demostrando que era verdaderamente humano en todos los aspectos. Fue circuncidado al octavo día, conforme a la ley judía (Lucas 2:21), y fue presentado en el templo, donde sus padres ofrecieron un sacrificio de acuerdo con lo que está escrito en la Ley del Señor (Lucas 2:22-24). Este cumplimiento de la ley mosaica* subraya la plena identificación de Jesús con su pueblo y su sumisión a las leyes divinas.

El evangelio de Lucas nos da una visión del crecimiento de Jesús, diciendo: "Y el niño crecía y se fortalecía, llenándose de sabiduría; y la gracia de Dios estaba sobre él" (Lucas 2:40). Además, Lucas 2:52 enfatiza: "Jesús crecía en sabiduría, estatura y gracia ante Dios y los hombres." Estos pasajes nos muestran que Jesús pasó por un desarrollo humano normal, experimentando aprendizaje, crecimiento físico y social, al igual que cualquier otro niño.

Jesús también trabajó como carpintero, siguiendo la profesión de su padre terrenal, José (Marcos 6:3). Este detalle de la vida de Jesús nos recuerda su vida humilde y común, viviendo entre la gente de su comunidad y contribuyendo a la sociedad a través del trabajo manual. La vida simple y común de Jesús hasta el inicio de su ministerio público es un testimonio de su completa humanidad.

*ley mosaica - Ley de Moisés.

Los varios nombres y títulos atribuidos a Jesús en el Nuevo Testamento reflejan su humanidad y los diferentes aspectos de su ministerio terrenal. El nombre "Jesús" era común en esa época y es equivalente a Josué, que significa "Salvador". Este nombre, anunciado por el ángel Gabriel antes de su nacimiento, enfatiza su papel en salvar a su pueblo de sus pecados (Mateo 1:21).

El título "Hijo del Hombre" es el más frecuentemente usado por Jesús para referirse a sí mismo, destacando su identificación con la humanidad y cumpliendo la visión profética de Daniel 7:13-14, donde el Hijo del Hombre recibe dominio eterno. Este título resalta tanto su humanidad como su autoridad divina.

"Jesús de Nazaret" es un término que identifica su origen humano y su entorno. Nazaret era un pequeño pueblo en Galilea, y este nombre subraya su verdadera encarnación como un hombre judío en un contexto específico (Mateo 2:23). Otros títulos, como "El Profeta" y "El Carpintero," reflejan cómo era percibido por sus contemporáneos y su vida antes del ministerio público (Mateo 21:11; Marcos 6:3).

ELEMENTOS ESENCIALES DE LA NATURALEZA HUMANA

Jesús poseía un cuerpo físico, emociones y sentimientos humanos, evidenciando plenamente su naturaleza humana. Experimentó cansancio, como se registra en Juan 4:6, donde Jesús, cansado del viaje, se sentó junto al pozo de Jacob. Sintió hambre después de ayunar cuarenta días en el desierto (Mateo 4:2) y sed mientras estaba en la cruz (Juan 19:28). Estos relatos muestran que Jesús experimentó las necesidades y limitaciones físicas humanas.

Además de sus necesidades físicas, Jesús también demostró emociones humanas. Lloró al ver el sufrimiento de María y Marta por la muerte de Lázaro (Juan 11:35). En otra ocasión, Jesús demostró compasión por las multitudes, pues estaban afligidas y desamparadas como ovejas sin pastor (Mateo 9:36). También expresó profunda tristeza y angustia en el Jardín de Getsemaní, antes de su crucifixión (Mateo 26:37-38).

Jesús fue tentado en todo, pero sin pecado (Hebreos 4:15). Sus tentaciones en el desierto, registradas en Mateo 4:1-11, muestran que enfrentó las mismas pruebas que cualquier ser humano, pero permaneció sin pecado, resistiendo todas las tentaciones del diablo. Este hecho es crucial, pues demuestra que Jesús es el perfecto y sin pecado sacrificio, capaz de redimir a la humanidad.

La naturaleza psicológica e intelectual de Jesús también refleja su humanidad. Experimentó una gama completa de emociones humanas, incluyendo tristeza (Mateo 26:37), alegría (Juan 15:11), indignación (Marcos 3:5) y sorpresa (Lucas 7:9). Estas emociones muestran que Jesús tenía una vida emocional rica y compleja, respondiendo a las situaciones de manera profundamente humana.

Jesús demostró una dependencia total de Dios Padre, retirándose frecuentemente para orar y buscar orientación divina (Lucas 6:12). Esta práctica constante de oración subraya su relación íntima con el Padre y su sumisión a la voluntad divina, incluso siendo él mismo Dios. La oración de Jesús en el Jardín de Getsemaní, pidiendo que, si fuera posible, se apartara de él el cáliz de sufrimiento, pero sometiéndose a la voluntad del Padre, es un ejemplo poderoso de su humanidad (Mateo 26:39).

Además, Jesús exhibió un intelecto humano en su comprensión de las Escrituras y en sus interacciones con las personas. Enseñó con autoridad y sabiduría, interpretando y aplicando las Escrituras de maneras que asombraban a sus oyentes. En Lucas 2:46-47, vemos a Jesús, aún joven, discutiendo con los doctores de la ley en el templo, sorprendiéndolos con su comprensión y respuestas.

Estos aspectos de la naturaleza humana de Jesús nos ayudan a ver la profundidad de su encarnación y la realidad de su vida entre nosotros. Nos consuelan, sabiendo que tenemos un Salvador que realmente entiende nuestras experiencias, nuestros dolores y nuestras luchas.

06

TIPOLOGÍA DEL TABERNÁCULO

TIPOLOGÍA DEL TABERNÁCULO Y CRISTO

La tipología del Tabernáculo en el Antiguo Testamento sirve como una representación simbólica y profética del ministerio y obra de Jesucristo. Este santuario móvil, detalladamente descrito en los libros de Éxodo y Levítico, fue designado por Dios para ser el lugar de Su morada entre el pueblo de Israel. Cada elemento, mueble y estructura del Tabernáculo, desde la entrada hasta el Santo de los Santos, contiene significados profundos que apuntan a diferentes aspectos de la persona y la obra redentora de Cristo.

El Tabernáculo fue construido según instrucciones divinas específicas, reflejando la santidad y la gloria de Dios. La estructura y los rituales realizados allí prefiguran lo que sería cumplido en la plenitud de los tiempos a través de Jesucristo. Por ejemplo, el propio diseño del Tabernáculo, con sus tres áreas principales —el Patio, el Lugar Santo y el Santo de los Santos— simboliza el camino de la redención y la aproximación a Dios. Cada área representa diferentes etapas del viaje espiritual del ser humano, desde la purificación inicial hasta la comunión íntima con Dios.

En el Nuevo Testamento, el apóstol Juan destaca la conexión entre el Tabernáculo y Cristo, afirmando: "Y el Verbo se hizo carne y habitó entre nosotros" (Juan 1:14). La palabra "habitó" en el griego original es "tabernaculó", indicando que Jesús es el cumplimiento del Tabernáculo. Él es la presencia de Dios entre nosotros, no más confinada a una tienda o templo, sino manifestada en carne y hueso. Esta verdad se refuerza en Hebreos, donde Cristo es descrito como el sumo sacerdote perfecto, que entró en el verdadero Santo de los Santos, no hecho por manos humanas, sino en el mismo cielo (Hebreos 9:11-12).

Además, cada mueble y utensilio del Tabernáculo lleva un simbolismo profundo que revela facetas del carácter y la obra de Cristo.

El altar del holocausto, donde se ofrecían los sacrificios, apunta al sacrificio supremo de Jesús en la cruz. La pila de bronce, utilizada para la purificación de los sacerdotes, simboliza la limpieza espiritual y la santificación que recibimos a través de la Palabra y del Espíritu Santo. El candelabro de oro, que ilumina el Lugar Santo, representa a Cristo como la luz del mundo, mientras que la mesa de los panes de la proposición apunta a Jesús como el pan de vida, que sustenta y nutre espiritualmente a su pueblo.

Estudiando la tipología del Tabernáculo, podemos profundizar nuestra comprensión del plan redentor de Dios y apreciar más plenamente la obra de Cristo. Cada detalle del Tabernáculo, desde los materiales utilizados hasta los rituales realizados, sirve como una sombra de las cosas celestiales, que encuentran su sustancia en Jesús. Este estudio no solo enriquece nuestro conocimiento bíblico, sino que también fortalece nuestra fe al ver la unidad y la continuidad del plan de Dios a través de las Escrituras, culminando en la persona y obra de Jesucristo.

LA ENTRADA DEL TABERNÁCULO

La entrada del Tabernáculo, compuesta por cuatro columnas y velos de diferentes colores, simboliza la oportunidad de salvación abierta a todos. Las cuatro columnas pueden representar la universalidad de la invitación al evangelio, como se proclama en los cuatro evangelios (Mateo, Marcos, Lucas y Juan). Jesús afirmó: "Yo soy la puerta; si alguien entra por mí, será salvo" (Juan 10:9), destacando que Él es el único camino hacia la salvación.

Los colores de los velos - púrpura, carmesín, lino blanco y azul - señalan diferentes aspectos de Jesús. La púrpura simboliza su realeza, el carmesín, su sacrificio, el lino blanco, su pureza, y el azul, su origen celestial. Cada color refleja una faceta del carácter y la misión de Cristo, como se describe en los evangelios. Por ejemplo, el evangelio de Mateo enfatiza a Jesús como Rey (púrpura), Marcos destaca su sacrificio (carmesín), Lucas subraya su humanidad y pureza (lino blanco), y Juan se centra en su divinidad y origen celestial (azul).

Así, la entrada del Tabernáculo nos recuerda que Jesús es el acceso al Padre, cumpliendo lo que Él mismo declaró en Juan 14:6: "Yo soy el camino, la verdad y la vida; nadie viene al Padre sino por mí." La entrada del Tabernáculo, por lo tanto, señala directamente a Cristo como la única puerta de entrada para la comunión con Dios.

EL PATIO DEL TABERNÁCULO

El patio del Tabernáculo simboliza la tierra donde se realizó el sacrificio de Cristo. Dentro del patio, el altar del holocausto y la pila de bronce eran elementos centrales. El altar del holocausto, donde se quemaban los sacrificios, apunta al sacrificio de Jesús en la cruz, donde Él se ofreció a sí mismo como el Cordero de Dios que quita el pecado del mundo (Juan 1:29).

La pila de bronce, utilizada para la purificación de los sacerdotes antes de entrar en el Lugar Santo, simboliza la purificación que recibimos por la Palabra de Dios y por el sacrificio de Cristo. En Efesios 5:26, Pablo habla sobre la purificación de la iglesia "con el lavamiento del agua por la palabra." Así, la pila de bronce representa el proceso de santificación y limpieza espiritual que los creyentes experimentan a través de Cristo.

La presencia del altar y de la pila en el patio nos recuerda que la redención y la santificación son pasos necesarios para la comunión con Dios. El sacrificio de Jesús es la base sobre la cual se construye nuestra purificación y relación con Dios. Este proceso de redención y santificación es esencial para que podamos entrar en la presencia de Dios.

En el Lugar Santo se encontraban la mesa de los panes de la proposición, el candelabro de oro y el altar de incienso, cada uno apuntando a la presencia y obra de Cristo. La mesa de los panes de la proposición, con sus doce panes, simboliza a Jesús como el Pan de Vida (Juan 6:35), que sostiene y nutre espiritualmente al pueblo de Dios. Los panes, cambiados semanalmente, representan la provisión continua y constante de Cristo para sus seguidores.

El candelabro de oro, con sus siete lámparas, simboliza a Jesús como la Luz del Mundo (Juan 8:12). Él trae luz y revelación a la oscuridad del mundo, guiándonos en la verdad y en el camino de la vida. La luz del candelabro también representa la presencia del Espíritu Santo, que ilumina nuestros corazones y mentes para comprender la Palabra de Dios y vivir de acuerdo con ella.

El altar de incienso, donde el incienso era quemado continuamente, representa las oraciones y la intercesión de Cristo por nosotros. En Hebreos 7:25, se dice que Jesús "vive siempre para interceder" por aquellos que se acercan a Dios a través de Él. Así, el altar de incienso señala la intercesión continua de Cristo a favor de los cristianos, asegurando que nuestras oraciones sean escuchadas y respondidas.

El Santo de los Santos contenía el Arca de la Alianza, representando la presencia de Dios entre su pueblo. El Arca, cubierta por el propiciatorio (o tapa del perdón), donde se rociaba la sangre de los sacrificios, señala a Jesús como el cumplimiento perfecto de la expiación. En Romanos 3:25, Pablo declara que Dios presentó a Cristo como "sacrificio propiciatorio, mediante la fe, por su sangre."

Dentro del Arca de la Alianza estaban las tablas de la ley, la vara de Aarón y el vaso de maná, cada uno simbolizando diferentes aspectos de Cristo. Las tablas de la ley representan a Jesús como el cumplimiento perfecto de la ley. Él declaró: "No penséis que he venido para abolir la ley o los profetas; no he venido para abolir, sino para cumplir" (Mateo 5:17). La vara de Aarón, que floreció, simboliza la resurrección de Jesús y su autoridad divina. En Hebreos 9:4, la presencia de la vara en el Arca recuerda a los lectores del poder de Dios para dar vida y resucitar. Finalmente, el vaso de maná representa a Jesús como el pan vivo que bajó del cielo (Juan 6:51), satisfaciendo nuestras necesidades espirituales y ofreciendo vida eterna.

El Santo de los Santos, por lo tanto, es un poderoso símbolo de la plenitud de la obra redentora de Cristo. A través del Arca de la Alianza y su contenido, vemos la perfección, la resurrección y la provisión continua de Jesús para su pueblo. Él es la presencia viva de Dios entre nosotros, mediando y garantizando nuestra comunión con el Padre.

CONCLUSIÓN

La tipología del Tabernáculo revela la profundidad y riqueza del plan de redención de Dios, que se cumple plenamente en Jesucristo. Cada elemento y mueble del Tabernáculo apunta a diferentes aspectos de la persona y obra de Cristo, ayudándonos a comprender mejor su misión y su ministerio. Al estudiar estas figuras y sombras, somos llevados a una apreciación más profunda del sacrificio de Cristo y de su obra continua como nuestro mediador e intercesor.

07

PROFECÍAS Y CUMPLIMIENTO EN CRISTO

La Biblia está llena de profecías que apuntan al nacimiento, vida, muerte y resurrección de Jesucristo. Desde Génesis hasta los libros proféticos, vemos a Dios revelando gradualmente su plan redentor a través de mensajes y visiones dados a los profetas. Estas profecías no solo prepararon el camino para la venida del Mesías, sino que también proporcionaron un medio por el cual su identidad y misión podrían ser confirmadas. El cumplimiento de estas profecías en Cristo sirve como un testimonio poderoso de la soberanía y fidelidad de Dios, así como de la verdad de las Escrituras.

En el Antiguo Testamento, encontramos varias profecías mesiánicas detalladas. Isaías, por ejemplo, profetizó sobre el nacimiento virginal de Cristo: "Por tanto, el Señor mismo os dará una señal: He aquí, la virgen concebirá y dará a luz un hijo, y llamará su nombre Emanuel" (Isaías 7:14). Miqueas predijo el lugar de nacimiento del Mesías: "Pero tú, Belén Efrata, aunque eres pequeña entre los clanes de Judá, de ti me saldrá el que ha de reinar en Israel" (Miqueas 5:2). Estas profecías, entre muchas otras, fueron claramente cumplidas en la vida de Jesús, como se registra en los Evangelios de Mateo y Lucas.

Las profecías sobre el sufrimiento y la muerte de Cristo también se encuentran abundantemente en el Antiguo Testamento. El Salmo 22 describe con notable precisión los eventos de la crucifixión, incluyendo las palabras que Jesús pronunció en la cruz: "Dios mío, Dios mío, ¿por qué me has abandonado?" (Salmo 22:1; Mateo 27:46).

Isaías 53 es quizás el capítulo más conocido que describe al Siervo Sufriente, detallando su rechazo, sufrimiento, y muerte vicaria* por los pecados del pueblo: "Mas él fue herido por nuestras transgresiones, molido por nuestras iniquidades; el castigo de nuestra paz fue sobre él, y por su llaga fuimos nosotros curados" (Isaías 53:5).

En el Nuevo Testamento, los escritores de los Evangelios y los apóstoles frecuentemente citan estas profecías para demostrar que Jesús es el cumplimiento de las promesas de Dios. Por ejemplo, el evangelista Mateo utiliza la frase "para que se cumpliera" varias veces para conectar eventos de la vida de Jesús con las profecías del Antiguo Testamento (Mateo 1:22-23; 2:15; 2:17-18). Los apóstoles, en sus predicaciones y escritos, también enfatizan que Jesús es el Mesías prometido, destacando el cumplimiento de las Escrituras en Su vida y ministerio (Hechos 2:22-36; 3:18-24).

Estudiar las profecías y sus cumplimientos en Cristo no solo fortalece la fe de los cristianos, sino que también proporciona una base sólida para la apologética* cristiana. Al ver la precisión y la realización de estas profecías, somos recordados de la confianza que podemos tener en la Palabra de Dios y en la veracidad de Jesús como el Salvador prometido. Cada profecía cumplida reafirma que Dios está en control de la historia y que Su plan redentor, revelado a través de los tiempos, encuentra su culminación perfecta en Jesús Cristo.

*morte vicária - El sacrificio vicario o expiatorio es conocido en la teología cristiana como el sacrificio sustituto de Jesucristo por el pecado del hombre en la cruz.
*apologética cristiana - defensa argumentativa de que la fe puede ser comprobada mediante la razón.

Las primeras profecías sobre el nacimiento de Cristo aparecen al principio de las Escrituras. En Génesis 3:15, encontramos el llamado "protoevangelium", o la primera mención del evangelio, donde Dios le dice a la serpiente: "Pondré enemistad entre ti y la mujer, entre tu descendencia y la descendencia de ella; él te aplastará la cabeza, y tú le herirás el talón." Este versículo es considerado una profecía que apunta a la venida de Jesús, el descendiente de la mujer, quien vencería a Satanás y al pecado. En Génesis 49:10, Jacob, al bendecir a sus hijos, profetiza: "El cetro no se apartará de Judá, ni el bastón de mando de entre sus pies, hasta que venga Siló; y a él se congregarán los pueblos." Esta pasaje indica que el Mesías vendría de la tribu de Judá.

El profeta Isaías también trajo una profecía detallada sobre el nacimiento virginal de Jesús: "Por tanto, el Señor mismo os dará una señal: He aquí que la virgen concebirá y dará a luz un hijo, y llamará su nombre Emanuel" (Isaías 7:14). Esta profecía se cumplió de manera clara y precisa, como se registra en el Evangelio de Mateo: "Todo esto sucedió para que se cumpliera lo que el Señor había dicho por medio del profeta: 'La virgen concebirá y dará a luz un hijo, y le llamarán Emanuel', que significa 'Dios con nosotros'" (Mateo 1:22-23).

Además, el profeta Miqueas predijo el lugar del nacimiento del Mesías: "Pero tú, Belén Efrata, aunque eres pequeña entre los clanes de Judá, de ti me saldrá el que será gobernante en Israel, cuyos orígenes son desde tiempos antiguos, desde los días de la eternidad" (Miqueas 5:2). Esta profecía se cumplió exactamente como se narra en Lucas 2:4-7, donde José y María viajaron a Belén para el censo, y Jesús nació allí.

Estas profecías sobre el nacimiento de Cristo son esenciales, ya que establecen la base para la identidad mesiánica de Jesús. Demuestran que Dios, desde el principio, planificó la redención de la humanidad y preparó cuidadosamente la venida del Salvador. La precisión con la que se cumplieron estas profecías confirma la soberanía de Dios y la veracidad de las Escrituras.

El Antiguo Testamento está lleno de profecías mesiánicas que predijeron diversos aspectos de la vida, ministerio, muerte y resurrección de Cristo. Cada una de estas profecías se cumplió con precisión en el Nuevo Testamento, confirmando la divinidad y la misión redentora de Jesús.

Por ejemplo, Isaías 53 describe el sufrimiento del Mesías de manera vívida y detallada: "Pero él fue herido por nuestras transgresiones, fue molido por nuestras iniquidades; el castigo que nos trae la paz fue sobre él, y por sus llagas fuimos sanados" (Isaías 53:5). Este capítulo es a menudo llamado "el Evangelio según Isaías" debido a su clara descripción del sacrificio de Cristo. El cumplimiento de esta profecía es evidente en los relatos de los Evangelios sobre la crucifixión de Jesús, donde sufrió y murió por los pecados de la humanidad.

Otra profecía significativa se encuentra en el Salmo 22, que comienza con las palabras: "Dios mío, Dios mío, ¿por qué me has abandonado?" (Salmo 22:1). Este Salmo, escrito siglos antes de la crucifixión, describe en detalle la angustia de alguien siendo ejecutado: "Me horadaron las manos y los pies. Puedo contar todos mis huesos; ellos me miran y me observan. Reparten entre sí mis vestiduras, y sobre mi túnica echan suertes" (Salmo 22:16-18). Esta descripción se cumple de manera exacta en los eventos de la crucifixión de Jesús, como se registra en Juan 19:23-24.

Las profecías sobre la resurrección de Cristo también son cruciales. En el Salmo 16:10, leemos: "Porque no dejarás mi alma en el Seol, ni permitirás que tu Santo vea corrupción." Pedro, en su sermón en Pentecostés, cita este Salmo y lo aplica a Jesús, declarando que Dios resucitó a Jesús de entre los muertos (Hechos 2:24-32).

Estos ejemplos de profecías cumplidas muestran que Jesús es verdaderamente el Mesías prometido. No solo validan Su misión redentora, sino que también fortalecen la fe de los creyentes al demostrar la fidelidad de Dios a Sus promesas. A través del cumplimiento de las profecías, podemos ver la mano soberana de Dios guiando la historia hacia la salvación de la humanidad en Cristo.

08

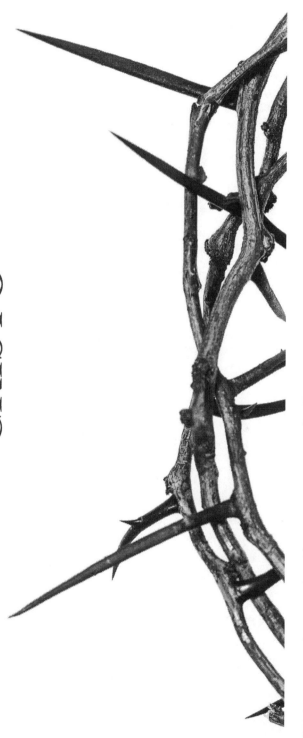

LOS OFICIOS DIVINOS DE CRISTO

Los oficios divinos de Cristo representan aspectos esenciales de su misión redentora y de su identidad como el Mesías. Estos oficios se clasifican tradicionalmente en tres categorías principales: Profeta, Sacerdote y Rey. Cada uno de estos roles desempeñó un papel crucial en la forma en que Jesús reveló a Dios al mundo, intercedió por la humanidad y estableció el Reino de Dios.

Como Profeta, Jesús fue el portavoz de Dios, revelando la voluntad divina y proclamando el mensaje del Reino de los Cielos. Su enseñanza, milagros y su propia vida testimonian la verdad de Dios y la necesidad de arrepentimiento y fe. Cumplió las profecías del Antiguo Testamento y trajo una nueva revelación del pacto de Dios con la humanidad.

En el papel de Sacerdote, Jesús desempeñó la función suprema de mediación entre Dios y los hombres. Ofreció el sacrificio definitivo por los pecados de la humanidad, no con sangre de animales, sino con su propia sangre. Su muerte en la cruz y su subsiguiente resurrección abrieron el camino para la reconciliación con Dios. Como nuestro sumo sacerdote, continúa intercediendo por nosotros, asegurando nuestro acceso al trono de la gracia.

Como Rey, Jesús ejerce autoridad suprema sobre todas las cosas. Es el descendiente prometido de David, que reinará eternamente. Su reino no solo se establece sobre Israel, sino sobre todas las naciones, trayendo justicia, paz y prosperidad. Su reinado comenzó con su primera venida y se realizará plenamente en su segunda venida, cuando juzgará al mundo e inaugurará la nueva creación. Estos oficios divinos de Cristo son centrales para entender su obra redentora y su papel continuo en la historia de la salvación. Muestran cómo Jesús cumple y supera las expectativas mesiánicas del Antiguo Testamento, revelando la plenitud del plan de Dios para redimir y restaurar a la humanidad.

CREADOR

Jesús es descrito en las Escrituras como el Creador de todas las cosas. En Juan 1:3, leemos: "Todas las cosas fueron hechas por medio de Él, y sin Él nada de lo que ha sido hecho, fue hecho." Este versículo subraya la soberanía y el poder creativo de Jesús, quien, junto con el Padre y el Espíritu Santo, estuvo activo en la creación del universo. Además, Colosenses 1:16 declara: "Porque en Él fueron creadas todas las cosas en los cielos y en la tierra, visibles e invisibles, sean tronos, sean dominios, sean principados, sean potestades; todo fue creado por medio de Él y para Él." Esto enfatiza que toda la creación no solo fue hecha por Jesús, sino también para Él, indicando su propósito y centralidad en la obra creativa de Dios.

En el relato de Génesis sobre la creación, Dios habla en plural: "Hagamos al hombre a nuestra imagen, conforme a nuestra semejanza" (Génesis 1:26), lo que sugiere la presencia de la Trinidad en la creación, incluyendo a Jesús. Esta participación activa en la creación refleja la divinidad de Cristo y su igualdad con Dios Padre. Es fundamental reconocer que Jesús, como Creador, tiene autoridad sobre toda la creación, y esa autoridad se extiende a su papel redentor y sostenedor del universo.

SUSTENTADOR

Además de crear, Jesús también sostiene todas las cosas por la palabra de Su poder. Colosenses 1:17 afirma: "Él es antes de todas las cosas, y en Él todo subsiste." Este versículo revela que no solo todas las cosas fueron creadas por Él, sino que Él también mantiene el orden y la cohesión del universo. Sin la sostenibilidad continua de Jesús, el universo caería en caos y desorden. Este papel de sustentador es una demostración del poder continuo y activo de Jesús en todo el cosmos.

En Hebreos 1:3, encontramos una afirmación similar: "El Hijo es el resplandor de la gloria de Dios y la expresión exacta de su ser, sosteniendo todas las cosas por su palabra poderosa." Este texto refuerza la idea de que Jesús mantiene todas las cosas por su palabra, enfatizando su autoridad divina. La doctrina de la sustentación muestra que la creación no es un evento del pasado, sino una realidad dinámica mantenida por el poder continuo de Cristo.

RESUCITADOR

Jesús se presenta como la resurrección y la vida, ofreciendo esperanza de vida eterna a todos los que creen en Él. En Juan 11:25, declara: "Yo soy la resurrección y la vida; el que cree en mí, aunque haya muerto, vivirá." Esta afirmación se hizo en el contexto de la resurrección de Lázaro, demostrando el poder de Jesús sobre la muerte física. La resurrección de Lázaro es un símbolo de la resurrección final que Jesús promete a todos los creyentes.

Además, en Juan 6:40, Jesús promete: "Porque la voluntad de mi Padre es que todo el que ve al Hijo y cree en él tenga vida eterna, y yo lo resucitaré en el último día." Esta promesa asegura que la fe en Jesús resulta en vida eterna y resurrección. El apóstol Pablo también destaca este poder en 1 Corintios 15:20-22, afirmando que Cristo es las primicias de los que duermen, asegurando que todos los que pertenecen a Él también serán resucitados.

JUEZ

Jesús también es el Juez de todos los hombres, vivos y muertos. En Juan 5:22, Jesús declara: "Porque el Padre a nadie juzga, sino que ha confiado todo juicio al Hijo." Este pasaje subraya la autoridad de Jesús para juzgar a toda la humanidad, reflejando Su justicia y divinidad. Como Juez, Jesús evaluará la vida de cada persona, recompensando a los justos y condenando a los malvados según sus obras.

En Hechos 17:31, Pablo afirma que Dios "ha fijado un día en el que va a juzgar al mundo con justicia por medio de un hombre a quien designó; y de esto ha dado prueba a todos al resucitarlo de entre los muertos." Aquí, vemos que la resurrección de Jesús es la garantía de que Él juzgará el mundo con justicia. Este juicio final es un tema recurrente en las Escrituras, encontrado en Mateo 25:31-46, donde Jesús habla sobre separar las ovejas de los cabritos, simbolizando a los justos y a los malvados.

Estos cuatro oficios divinos de Cristo — Creador, Sustentador, Resucitador y Juez — destacan Su autoridad suprema y el papel central en la obra redentora de Dios. Muestran que Jesús no es solo una figura histórica, sino el Señor vivo y activo que continúa gobernando, sosteniendo y redimiendo la creación.

09

CONCLUSIÓN

CONCLUSIÓN

Al concluir este libro sobre la naturaleza y los oficios de Jesucristo, reconocemos la profundidad y complejidad de Su persona. Jesucristo es completamente divino y completamente humano, una unión hipostática que desafía nuestra comprensión humana, pero es fundamental para la fe cristiana. Su divinidad nos revela la naturaleza de Dios: su eternidad, poder, santidad y amor infinito. Su humanidad, por otro lado, asegura que entiende nuestras debilidades, habiendo vivido como uno de nosotros, enfrentando tentaciones y sufrimientos, pero sin pecado.

La vida y el ministerio de Jesús cumplieron las antiguas profecías del Antiguo Testamento, desde su nacimiento virginal hasta su muerte y resurrección. No vino para abolir la Ley o los Profetas, sino para cumplirlos (Mateo 5:17). Cada profecía, cada tipo y sombra, desde el Tabernáculo hasta las figuras mesiánicas, encuentra su cumplimiento perfecto en Cristo. Él es el Cordero de Dios que quita el pecado del mundo (Juan 1:29), el sumo sacerdote que intercede por nosotros, el Rey prometido que reinará eternamente.

Jesucristo es el Creador de todas las cosas, quien trajo el universo a la existencia con una palabra. Él es el Sustentador, manteniendo todas las cosas por la palabra de su poder. Su autoridad no se limita al pasado o al presente; es el Resucitador, prometiendo vida eterna a todos los que creen en Él, y es el Juez de toda la humanidad, asegurando que la justicia de Dios se realizará plenamente. Estos oficios divinos demuestran la supremacía de Cristo en todas las cosas y confirman que es digno de toda adoración y fe.

Finalmente, la humanidad de Jesús nos ofrece consuelo y esperanza. Él entiende nuestros dolores y tentaciones porque él mismo los experimentó.

Su encarnación no fue simplemente una demostración de solidaridad divina, sino la base de nuestra redención. Se hizo carne para que, mediante Su muerte y resurrección, pudiéramos ser reconciliados con Dios y recibir la promesa de vida eterna. La resurrección de Jesús es la garantía de que todas Sus promesas son ciertas y verdaderas. Como cristianos, podemos confiar plenamente en Él, sabiendo que nuestro futuro está seguro en Sus manos.

Por lo tanto, al concluir este estudio, somos llamados a renovar nuestra fe en Jesucristo, reconociendo tanto Su divinidad como Su humanidad. Somos llamados a adorarlo como nuestro Creador, Sustentador, Resucitador y Juez, y a vivir en obediencia a Sus mandamientos, confiando en Sus promesas. Que podamos seguir creciendo en nuestro conocimiento y amor por Él, proclamando Su gloria y gracia hasta el día de Su retorno.

Nací en un hogar cristiano y siempre me esfuerzo al máximo por ser un dedicado servidor de Dios, comprometido con la fe y mi familia. Estoy casado con una mujer maravillosa llamada Vanessa, y juntos tenemos dos hijos maravillosos, Noah y Eloah. Mi trayectoria pastoral comenzó hace 13 años, cuando fui ordenado pastor. Desde entonces, me he dedicado intensa e intencionalmente al servicio del Señor. Co-fundé la iglesia Ministério Chama en Brasil y actualmente pastoreo la Grace to the Nations Church en Orlando, Florida.

A lo largo de los años, he desarrollado la convicción de que el principal llamado para este tiempo es un retorno a las veredas antiguas, donde se encuentra la verdadera paz, según Jeremías 6:16. Aunque tenemos mucho conocimiento y acceso a la información, a menudo fallamos en practicar lo que aprendemos. Buscamos enseñanzas grandiosas, pero con frecuencia no las aplicamos en nuestras vidas.

Estoy convencido de enseñar que los principios básicos de la fe cristiana aún son vitales y deben ser seguidos fielmente. Sin buscar nuevas invenciones, creo que al cumplir la voluntad de Dios en nosotros y a través de nosotros, encontramos verdadera realización y paz. Mi misión es guiar a la iglesia del Señor en la práctica de estos principios esenciales y básicos, promoviendo una vida de obediencia y devoción sincera al Señor.

@erickhalves

Contribuye con mi ministerio, etiquetando mi perfil en una publicación después de leer el libro. Dios te bendiga.

SOBRE EL AUTOR

Haz tu invitación escaneando el código
QR de arriba.

AGENDA

SOBRE ÉL

"SOLO PODRÁS OFRECER UNA VERDADERA ADORACIÓN SI REALMENTE LO CONOCES."

AUTOR
ÉRICK ALVES

9295f792-eab9-4593-97c6-7c92ba26faeeR04